AF262290

MÉMOIRE

A MONSIEUR

LE MINISTRE DE L'INTÉRIEUR

PROTESTATION

CONTRE

LES ARRÊTÉS DE SUSPENSION

DU CONSEIL MUNICIPAL DE BORDEAUX

<hr>

BORDEAUX

IMPRIMERIE G. GOUNOUILHOU

44, RUE GUIRAUDE, 44

1874

MÉMOIRE

A MONSIEUR

LE MINISTRE DE L'INTÉRIEUR

⸺⸺◄○○○►⸺⸺

MONSIEUR LE MINISTRE,

Suspendu pour deux mois par un arrêté de M. le Préfet de la Gironde, en date du 8 juin 1874, le Conseil municipal de Bordeaux a appris, sept ou huit jours après, qu'un de vos arrêtés portait à un an la durée de la peine administrative qui lui était infligée.

Les membres soussignés de ce Conseil espéraient obtenir de votre justice l'annulation de l'arrêté préfectoral du 8 juin. Vous ne leur avez pas laissé le temps de se pourvoir auprès de vous. Nous n'en venons pas moins exposer ici les raisons qui nous permettent de vous demander la rétractation des deux décisions qui nous atteignent, nous et la ville que nous représentons.

Nous commencerons, Monsieur le Ministre, par établir que les griefs articulés dans les considérants de l'arrêté de

M. le Préfet de la Gironde ne justifient guère la mesure à laquelle ils sont censés devoir servir de fondement.

Le premier de ces considérants est conçu en ces termes : « Considérant que, dans la séance du 18 mai dernier, un membre du Conseil municipal de Bordeaux a reproché à l'Administration municipale de cette ville de devoir son origine à une *puissance d'aventure,* et que le Conseil s'est approprié cette injure en votant l'impression de la discussion dans laquelle elle avait été proférée. »

M. le Préfet voit une injure dans les mots : « puissance d'aventure ». Il sait pourtant que l'auteur de ces paroles a déclaré lui-même, et de lui-même, qu'il n'avait entendu désigner ainsi que le hasard des événements [1]. Mais, en admettant même que l'expression fût injurieuse et visât le Gouvernement actuel, peut-on rendre le Conseil tout entier responsable d'une insulte échappée à un des trente-trois membres qui le composent? Il est vrai que M. le Préfet nous accuse de nous être approprié les paroles qu'il relève. Mais en quoi faisant? En votant l'impression de la discussion tout entière où elles furent prononcées, discussion qui remplit quatre à cinq colonnes des procès-verbaux de nos séances. L'accusation n'est pas sérieuse ! D'autant moins que c'est d'accord avec M. le Maire (qui, lui, n'est pas suspendu), et sur sa demande réitérée, que l'impression a été votée ; témoin ce passage du compte-rendu : « Le Maire maintient sa demande de vote, car il désire vivement que tous puissent lire cette discussion [2]. »

Bien plus ! comment M. le Préfet aurait-il laissé exécuter, ainsi qu'il l'a fait, la délibération dont il s'agit, si elle avait eu, à l'égard du Gouvernement, le caractère injurieux qu'il

---

[1] Procès-verbal de la séance du 1er juin 1874, p. 115, col. 2.
[2] Procès-verbal de la séance du 18 mai 1874, p. 102, col. 2.

lui prête dans son arrêté du 8 juin? Il eût méconnu gravement ses droits ou ses devoirs.

Passons au deuxième considérant.

« Considérant que, dans la séance du 22 mai suivant, le même Conseiller municipal, alléguant que la présence, à la tête du Conseil, de la Municipalité nommée par le Gouvernement, créait une source intarissable de conflits et un état de choses dommageable aux intérêts de la cité, sommait le Maire et ses Adjoints d'avoir à donner leur démission ; qu'un autre membre proposait immédiatement au Conseil de renouveler le vœu que les Maires et les Adjoints fussent nommés par le Conseil municipal, et que ce vœu, que le Maire a eu le tort de mettre aux voix, était adopté par l'unanimité du Conseil. »

La première remarque que nous ferons sur les faits allégués ici à notre charge, c'est que M. le Préfet les emprunte à un procès-verbal qui n'a pas été approuvé par le Conseil, et qui renferme de graves inexactitudes, ainsi que nous allons l'établir. L'Administrateur en chef du département de la Gironde devait, cependant, se tenir en garde contre les comptes-rendus infidèles de nos séances depuis celle du 1er juin dernier. C'est un point que nous mettrons en lumière dans la suite de ce Mémoire.

Quoi qu'il en soit, M. le Préfet rappelle, d'abord, une motion d'un de nos collègues. Il oublie seulement d'ajouter que personne, dans le Conseil, n'a voulu appuyer cette motion. Pourtant, il le sait, car le procès-verbal le constate : « M. Solles demande si le Conseil adhère à sa proposition. — Aucun membre du Conseil n'appuyant, il n'est pas donné suite à cette proposition (1). »

____

(1) Procès-verbal de la séance du 22 mai 1874, p. 110, col. 2.

6

Veuillez nous dire, Monsieur le Ministre, ce que vous pensez de cet oubli de M. le Préfet? et de quel droit ce magistrat fait figurer, parmi les griefs qu'il articule contre nous, une proposition que nous avons rejetée en refusant de l'appuyer?

Mais voici l'accusation capitale : le Conseil aurait émis le vœu que « *les Maires* et les Adjoints fussent nommés par le Conseil municipal » !

Eh bien! ce vœu n'a pas été émis par le Conseil; M. le Préfet n'a pu le croire qu'en lisant trop vite le procès-verbal d'une de nos séances, et en prenant un singulier pour un pluriel. Le passage qui résume le vœu incriminé est, en effet, ainsi conçu : « M. Delboy, rappelant le vœu émis plusieurs fois par le Conseil, pour que *le Maire* [au singulier] et les Adjoints fussent nommés par le Conseil municipal, propose de le renouveler aujourd'hui ([1]). » Comment M. le Préfet n'a-t-il pas vu qu'il ne s'agissait là que du Maire et des Adjoints de Bordeaux? Comment n'a-t-il pas senti que, dans la formule de vœu qu'il substitue innocemment à la véritable, les mots : « LE *Conseil municipal* », ne s'accordent pas avec les mots : « LES *Maires* »? Comment n'a-t-il pas compris surtout que M. le Maire de Bordeaux, quelque novice qu'il fût dans ses fonctions, n'eût jamais laissé voter comme un vœu d'intérêt local, une motion d'administration générale au premier chef, et presque de politique?

Mais, restreint ainsi qu'il l'a été, le vœu est-il légal?

Il est constant que le Conseil municipal de Bordeaux l'a émis plusieurs fois, et notamment sous le second Empire, sans alors exciter les susceptibilités de l'Administration supérieure. Depuis, à la demande de la Municipalité naguère

---

([1]) Procès-verbal de la séance du 22 mai 1874, p. 110, col. 2, lignes 39 et suivantes.

en fonctions, nous avons évité, le 17 novembre 1873, de l'exprimer formellement (¹). Si M. le Maire actuel avait fait les réserves que lui attribue faussement le procès-verbal, il en eût été, sans doute, de même le 22 mai dernier. Ces réserves eussent été appuyées par un certain nombre de Conseillers, qui, peu rassurés sur la légalité du vœu, n'ont pas cru devoir prendre part au vote. Car le compte-rendu est encore inexact en ce qu'il dit que le vœu a été adopté à l'unanimité, moins la voix du Maire.

Quant à ce dernier, M. le Préfet le blâme d'avoir fait délibérer sur la question. Il est bien plus coupable ! Un procès-verbal fidèle, conforme aux notes du sténographe et du Secrétaire de la ville, constaterait que M. le Maire a déclaré que le vœu proposé par l'honorable M. Delboy était légal et même « constitutionnel » (²) ! Il l'a dit avec une telle assurance et un tel entrain, qu'un de nous, l'honorable M. Raulin, lui demanda, avec surprise, s'il voterait avec le Conseil.

Permettez-nous, Monsieur le Ministre, de vous présenter ici une simple observation.

Deux faits précis sont reprochés par M. le Préfet de la Gironde au Conseil municipal de Bordeaux : l'un est une délibération prise à la demande de M. le Maire ; l'autre est une délibération dont M. le Maire a garanti la légalité au Conseil.

Est-il juste de nous suspendre, en laissant à la tête de l'Administration de notre ville un chef si dangereux pour ceux qu'il préside ?

Après ce qui précède, le troisième considérant de l'arrêté de suspension ne nous retiendra pas longtemps.

______

(¹) Procès-verbal de la séance du 17 novembre 1874, p. 2.
(²) Voir l'*Appendice*.

«Considérant que les attributions des Conseils municipaux, en matière de vœux à émettre, sont strictement limitées, par l'article 24 de la loi de 1837, à des objets d'intérêt local, et qu'en outre, l'adoption du vœu sur la nomination des Maires, dans les circonstances qui viennent d'être indiquées, est une protestation formelle contre la loi du 19 janvier, en vertu de laquelle la municipalité de Bordeaux a été nommée. »

Ce considérant se fonde sur des faits dont nous venons d'établir l'inexactitude.

Nous n'ajouterons qu'une question à ce que nous avons déjà dit : — En renouvelant un vœu émis sous le second Empire, le Conseil a-t-il pu protester particulièrement contre la loi du 19 janvier 1874?

Il ne nous reste qu'à examiner le quatrième considérant.

« Considérant, enfin, que les sentiments hostiles qui ont inspiré le Conseil, se sont manifestés fréquemment, et notamment dans les séances des 1er et 27 avril [1] et des 1er et 18 mai 1874, par des accusations violentes contre le Maire, le Ministre de l'Intérieur et le Gouvernement tout entier, accusations et imputations accentuées tantôt par des applaudissements, tantôt ratifiées par un vote. »

Quelles sont les accusations violentes dont se plaint M. le Préfet ?

Dans la séance du 1er avril, M. le Maire arrêta, il est vrai, un orateur, parce qu'il critiquait le Gouvernement. Mais aussitôt l'honorable M. Fourcand prit la parole et déclara que le Conseil ne s'associait nullement aux observations qu'il venait d'entendre. Le procès-verbal ajoute : « Marques nombreuses d'adhésion [2]. » — Sont-ce là les applaudissements incriminés par M. le Préfet?

---

[1] L'arrêté porte : « 29 avril » ; mais c'est 27 qu'il faut lire, puisqu'il n'y a pas eu de séance le 29.

[2] Procès-verbal de la séance du 1er avril 1874, p. 60, col. 2.

Pour les séances du 27 avril et du 1er mai, les procès-verbaux constatent que M. le Maire n'a eu à rappeler personne à la modération ; ce qu'il eût fait certainement si l'administration municipale ou l'administration supérieure eût été l'objet d'attaques inconsidérées.

Quant à la séance du 18, nous en avons déjà dit quelque chose à l'occasion du premier considérant, et nous y reviendrons bientôt.

Du reste, n'est-il pas évident que s'il eût été possible de relever une seule accusation injuste et coupable du Conseil contre les autorités qu'énumère l'acte de suspension, M. le Préfet ne se serait pas borné à viser en bloc quatre longues séances ?

Nous croyons, Monsieur le Ministre, avoir démontré la vanité des arguments que M. le Préfet invoque dans son arrêté du 8 juin 1874. — Il nous reste à vous faire connaître les raisons véritables de la mesure prise contre nous.

Ces raisons se rattachent toutes au choix des administrateurs mis à la tête de notre cité, le 3 février dernier, sur la proposition de M. le Préfet de la Gironde.

Lorsque M. le Préfet, dans des vues purement politiques, voulut remplacer l'honorable M. Fourcand et ses Adjoints par une municipalité nouvelle, il s'adressa d'abord aux personnes que leurs antécédents désignaient à son choix. Mais celles-ci refusèrent toutes. Quiconque avait été honoré, une fois dans sa vie, d'un mandat municipal par ses concitoyens, ne voulut point du rôle de maire ou d'adjoint imposé.

Il fallut bien recourir alors aux victimes du suffrage universel, victimes que les Bordelais, dans leur instinct des franchises administratives, avaient toujours soigneusement écartées de leur Hôtel de Ville.

Nous vous prions, en effet, Monsieur le Ministre, de

remarquer que, parmi les huit membres de la présente Administration, il n'en est pas un seul qui, à une époque quelconque, sous la République ou sous l'Empire, ait été envoyé au Conseil municipal par ses concitoyens. Ceux d'entre eux qui ont essayé des candidatures ont échoué constamment. Les élections de 1870 et de 1871 surtout ont démontré que leur crédit baissait rapidement, et de mois en mois.

A défaut de popularité, les nouveaux administrateurs avaient-ils une certaine expérience des affaires de la Ville? Ils ne pouvaient pas l'avoir. Un seul d'entre eux s'était occupé de ces affaires avant le 3 février 1874, et cela, passagèrement, il y a huit ou neuf années, en qualité d'Adjoint pris en dehors du Conseil municipal.

Ainsi les droits et les intérêts d'une commune de 200,000 âmes ont été abandonnés tout d'un coup aux soins d'une municipalité impopulaire, et ignorante de ses fonctions.

Et quels étaient les titres dont elle pouvait se prévaloir?

Les relations particulières qui existaient entre M. le Préfet de la Gironde et M. le vicomte de Pelleport-Burète expliquent seules la désignation de ce dernier comme maire, et les relations particulières qui existaient entre M. le vicomte de Pelleport-Burète et ses Adjoints expliquent seules la nomination de ces derniers en qualité d'Adjoints au Maire.

En revanche, il n'était guère de personne à Bordeaux dont l'arrivée à l'Hôtel de Ville pût froisser davantage, et plus légitimement, le Conseil municipal que celle de M. le Maire actuel. A deux reprises, il avait témoigné récemment de son hostilité contre le Conseil : d'abord, en signant, comme Membre du Bureau de bienfaisance, un compte-rendu de cet établissement, injurieux pour les représentants de notre ville; ensuite, en travaillant à éliminer ces derniers du

Conseil général du Dépôt de mendicité, dont il était le Secrétaire. De plus, M. le vicomte de Pelleport-Burète était un des administrateurs de l'*Électeur,* petit journal dont la polémique virulente et diffamatoire s'attaquait journellement aux principes et aux hommes qui inspiraient au Conseil le plus d'attachement et de respect.

C'était donc un ennemi notoire que M. le Préfet avait fait mettre, par le Gouvernement, à la tête du Conseil municipal de Bordeaux.

Comme il n'était pas difficile de le prévoir, l'Administration nouvelle, une fois en fonctions, s'est montrée au-dessous de la tâche qu'elle avait acceptée imprudemment. Incapable surtout de prendre une part sérieuse à la discussion d'une affaire tant soit peu importante, si ce n'est par des discours rédigés à l'avance, elle laissait sans réponse les objections les plus graves qui se produisaient en séance contre ses propositions. Nos procès-verbaux constatent l'impuissance que nous signalons, et qui compromettait singulièrement, aux yeux de la population bordelaise, le prestige de la municipalité imposée.

Mais ce n'est pas tout !

Quand un incident quelconque obligeait M. le Maire à prendre soudainement la parole, ses improvisations n'avaient pas le don de le satisfaire lui-même. Aussi, de sa propre main, insérait-il dans la minute des comptes-rendus de nos délibérations, des phrases que personne n'avait entendues autour de lui, ni Conseillers, ni Secrétaire de la Ville, ni sténographe. Le fait a été établi péremptoirement, pour le procès-verbal de la séance du 18 mai, dans la séance du 1er juin (1). Et ce qu'il y avait de plus grave dans ces

(1) Procès-verbal de la séance du 1er juin 1874, p. 116, col. 1 : « *M. le*

retouches, c'est qu'elles renfermaient des accusations d'attaques contre le Gouvernement adressées au Conseil, sans que celui-ci eût pu seulement protester, et pour cause. Aussi, dès que la population bordelaise eut connaissance de ces manœuvres, M. le Maire perdit plus que de son prestige parmi ses administrés.

Alors, sans doute, M. le Préfet de la Gironde a pensé que l'administration de M. le vicomte de Pelleport-Burète ne pouvait subsister qu'entourée de conseillers bienveillants, protecteurs, paternels, peu disposés à critiquer ses actes et ses paroles, et prêts, au besoin, à jeter sur ses défaillances le manteau de la charité.

Il fallait donc, sur-le-champ, remplacer par une Commission le Conseil municipal de Bordeaux.

Mais ce Conseil n'avait pas donné de prise !

Nous avions trop conscience des devoirs que nous imposait le mandat dont nous étions investis, pour le compromettre par des attaques maladroites et systématiques. Toutes les propositions raisonnables et opportunes de l'Administration, nous les avons acceptées. Et même, dans notre dernière séance, la majorité d'entre nous a donné des preuves non équivoques de déférence pour l'autorité supérieure, en adoptant une mesure qui lui répugnait, mais que votre prédécesseur, en vertu de la tutelle administrative, avait cru devoir nous prescrire.

Si jamais nos discussions ont eu quelque vivacité, c'est que l'Administration nouvelle violait sciemment nos droits ou froissait nos susceptibilités les plus respectables.

C'est ce qu'elle a fait, lorsque, au mépris des appro-

Maire :... Quant aux additions dont se plaint M. Solles, elles ont eu pour but de donner aux paroles prononcées par moi leur véritable sens; je les maintiens. «

bations données et des engagements pris par deux Préfets de la Gironde, elle a fait convertir en école congréganiste une école dont les dépenses n'avaient été votées qu'à condition que l'école fût laïque [1].

C'est ce qu'elle a fait lorsqu'elle insinuait dans un rapport que les principes professés dans nos écoles pouvaient ne pas être de nature à rassurer les légitimes exigences de nos concitoyens [2].

C'est ce qu'elle a fait lorsqu'elle altérait la teneur de nos procès-verbaux, ainsi que nous l'avons signalé dans les pages précédentes [3].

Et c'est pourquoi M. le Préfet de la Gironde n'a trouvé, pour motiver son arrêté de suspension, que ces pauvres prétextes dont nous avons démontré l'inanité au commencement de ce mémoire.

Pourtant, il n'en a pas fallu davantage pour que les Bordelais se vissent privés d'un Conseil municipal dont les membres ont géré, pour la plupart, les affaires de la Ville pendant les temps difficiles et douloureux de la dernière guerre, et qui, nommé en 1871, a consacré trois années à la liquidation de la situation financière de la commune, à l'achèvement d'une foule de travaux commencés et à l'amélioration de presque tous les services administratifs.

Nous ne voulons pas énumérer ici tout ce que nous avons fait, et par exemple, dans l'intérêt de la défense nationale, en consentant à de grands sacrifices pour renouveler le casernement de notre ville.

Toutefois, il est un côté de notre œuvre que nous tenons à vous rappeler, Monsieur le Ministre, parce que nous en

[1] Procès-verbal de la séance du 72 avril 1874, p. 72 et suivantes.
[2] Procès-verbal de la séance du 18 mai 1874, p. 100 et suivantes.
[3] Procès-verbal de la séance du 1er juin 1874, p. 115 et suivantes.

sommes particulièrement fiers, et que nous savons qu'il vous touchera plus que le reste.

Il n'est pas possible, en effet, que, vous surtout, vous mainteniez la mesure qui nous a frappés. Vous dirigiez naguère le département de l'instruction publique. Sûrement vous connaissez les éloges que votre prédécesseur immédiat dans ce département décernait à la sollicitude féconde que nous inspirait l'enseignement à tous les degrés.

Une dizaine d'Écoles primaires, une École supérieure de filles, une École professionnelle, un Lycée, une Faculté de droit et une Faculté de médecine, tels sont les établissements que nous avons ouverts, ou dont nous avons voté la création !

Ce seraient (nous en sommes convaincus) autant de titres à votre indulgence, si nous en avions besoin ; mais nous ne faisons appel qu'à votre justice.

Nous vous prions, Monsieur le Ministre, d'agréer l'expression de nos sentiments les plus respectueux.

Bordeaux, 4 juillet 1874.

H. BARCKHAUSEN. — ALF. DANEY. — FOURCAND-LÉON. — Fˣ BRUN. — MILLOUR. — ROUSSEL. — Dʳ GUÉPIN. — Dʳ LUGEOL. — H. SÉCRESTAT. — J.-MARIUS FAGET. — P.-A. DELBOY. — ACHILLE COULON. — LEGENDRE FILS AÎNÉ. — Dʳ SOLLES. — DORDÉ. — CH. VILLETTE. — V. RAULIN. — G. SERR. — J. LAURENDEAU. — J. JOUFFRE. — D. COUSTEAU. — DORMOY. — LENOIR. — Dʳ MÉTADIER. — EM. STÉHÉLIN. — EUG. LARRONDE.

Versailles, 8 juillet 1874.

EM. FOURCAND. — SIMIOT. — SANSAS.

APPENDICE

———

Les feuilles volantes étant très sujettes à s'égarer, un de nos collègues a cru prudent de prendre copie de quelques lignes de la minute du procès-verbal de la séance du 22 mai 1874 (feuillet 25).

Le sténographe, résumant les paroles de M. le Maire sur le vœu proposé par l'honorable M. Delboy, avait écrit :

« M. le Maire trouve le vœu parfaitement conforme à la loi et le met aux voix. »

M. le Maire a biffé cette phrase, les deux premiers mots exceptés, et l'a remplacée par une autre, dont voici la teneur :

« ... dit que *personnellement* il [est très près de reconnaître] croit que ce vœu [n'a] peut ne pas avoir un caractère politique; [mais] il ne laissera toutefois voter que sous les réserves des droits de la loi. »

Les mots que nous mettons entre crochets sont rayés.

Relativement au même incident, les notes du Secrétaire de la Ville portent :

« ... trouve le vœu constitutionnel; intéresse le Conseil municipal. »

Bordeaux. — Imp. G. Gounouilhou, rue Guiraude, 11.